Farid-Scott Lahlou

Un homme AZERTY en vaut deux

W0413631

Saison 1

Les éditions YAHOULI

Copyright © 2019 Farid-Scott LAHLOU
Tous droits réservés.
ISBN : 978-2-9568081-1-4

A mes petits <3

Sommaire

Episode 1 - **Daddy Data**

Acte 1

Au moment de conclure ma présentation, je sens bien que quelque chose ne va pas. C'est une impression bizarre. Pour la première fois, les gens ne m'applaudissent pas. Je suis pourtant la star du jouet pour enfants. Depuis cinq ans, à chaque fête de Noël, mes jouets sont les plus vendus sur la planète. Chaque saison, nos ventes dépassent celles de l'année précédente. De l'idée la plus simple à la plus originale, je ne me suis jamais planté. Pour mon entreprise, je ne suis pas un simple collaborateur, je suis un dieu vivant. Les gens me respectent et m'admirent. Ma boîte gagne des centaines de millions d'euros grâce à moi, et en échange, elle ne me refuse rien et me fout une paix royale. Je choisis avec qui je travaille, quand je travaille et, surtout, sur quoi je travaille. C'est la condition pour que je ne file pas chez la concurrence.

Nadège, mon unique collaboratrice, est assise face à moi. Elle adore son boulot. C'est vrai qu'elle a un job de rêve. Elle dessine, crée les prototypes et teste les jouets que je propose. Je ne l'ai pas choisie parce que c'est la plus talentueuse, mais parce que c'est la moins chiante, et je ne veux pas qu'on m'emmerde. Aujourd'hui, elle me semble en petite forme. Je ne sais pas ce qu'elle a. Elle est toute rouge et n'ose pas me regarder. Je l'ai beaucoup sollicitée ces derniers jours, elle doit être fatiguée. Une fois la production lancée, je la laisserai partir en vacances avec ses enfants, elle l'a bien mérité.

J'ai fini ma présentation depuis maintenant cinq bonnes minutes et personne n'a encore pris la parole. Ils sont vraiment bizarres aujourd'hui. De toute façon, je savais que ça arriverait un jour. À force de leur offrir chaque année des idées révolutionnaires, ils deviennent ingrats et ne se rendent plus compte de la chance qu'ils ont de m'avoir.

Monsieur le directeur s'agite dans son coin. L'espace d'un instant, j'ai cru qu'il allait s'exprimer, mais rien. Lui non plus n'ose pas me regarder. Je commence à me poser sérieusement des questions. Je ne comprends pas ce qui se passe. Peut-être sont-ils encore sous le coup de l'émotion après ce que je viens de leur proposer ? J'ai bien envie de m'applaudir moi-même tellement mon idée est géniale, mais je crois que ça ne se fait pas vraiment.

Je tourne légèrement la tête et je vois un homme que je n'ai jamais rencontré auparavant. Au moment où nos regards se croisent, il baisse son téléphone. Il pense vraiment que je n'ai pas compris qu'il est en train de me prendre en photo ? Il n'est pas bien discret. S'il veut une photo avec la star du jouet, il a juste à me le demander. Ce doit être un stagiaire. S'il pense suivre le même chemin que moi, il se trompe. J'ai quelque chose qu'il n'aura jamais. En plus du talent, de l'intelligence et du charisme, j'ai Daddy Data.

Acte 2

Je n'ai aucune nouvelle du mec qui a créé Daddy Data. Je dois dire que je n'ai jamais cherché à en avoir. Nous nous sommes rencontrés par l'intermédiaire d'une plateforme de mise en relation avec des webmasters offshore. À l'époque, j'étais étudiant et je recherchais quelqu'un pour développer un petit logiciel capable d'écrire mes dossiers à ma place. Le programme étudie toutes les données qu'il peut trouver sur Internet et les réseaux sociaux afin de donner naissance à du contenu original. Faire du neuf avec du vieux, en quelque sorte. Le succès a vite été au rendez-vous. Je ne travaillais pas et j'obtenais systématiquement les meilleures notes. Je finissais chaque année major de promotion. À la sortie de l'école, les plus grandes entreprises se sont offertes à moi. J'ai choisi celle qui payait le plus sans rien connaître à son secteur d'activité : le jouet.

On ne change pas une équipe qui gagne. Depuis, je continue à utiliser Daddy Data dans mon entreprise avec le même succès qu'à l'école. Avec les années, le logiciel est de plus en plus intelligent et je suis moi-même toujours aussi surpris par tant de créativité et de réussite.

Quand je pense au prix dérisoire que m'a coûté ce logiciel, parfois j'en rigole. Le webmaster qui me l'a vendu a bien tenté de me joindre à quelques reprises pour me parler de failles critiques, de problèmes d'algorithme et de mises à jour, mais je ne suis pas bête, c'était un prétexte pour me prendre de l'argent. Je suis bien trop malin pour tomber dans un piège aussi stupide.

J'ai une pensée pour ce gars tous les ans au moment où je présente mes nouveaux produits. J'éprouve à ce moment-là une sorte de honte. Un tout petit sentiment de honte, avec lequel je vis extrêmement bien. Mon génie ne repose que sur ma possession de ce logiciel, j'en suis conscient et je m'en fous. Je ne fais rien, je ne mène aucune réflexion, la machine s'occupe de tout. N'est-ce pas là, mon vrai génie ? Je suis Picasso et Daddy Data est mon pinceau !

Acte final

Je sais pourquoi ils ne m'ont pas encore applaudi ! C'est entièrement de ma faute ! Mais où ai-je la tête, ce matin ? J'ai complètement zappé la dernière partie de ma présentation, une vidéo de démonstration de mon futur best-seller. Je jette un rapide regard complice à ma collaboratrice, comme pour lui dire que j'ai compris ce qui n'allait pas. Son regard évite le mien.

J'ai à peine le temps de lancer les premières secondes de ma vidéo que le stagiaire glisse un mot à l'oreille de mon directeur puis un autre à celle de ma collaboratrice. Ce jeune n'a décidément aucun respect pour ses aînés.

Il sort de sa poche un insigne de police, s'approche de moi et me demande d'arrêter ma vidéo. Ma collaboratrice fond en larmes, aussitôt rassurée par mon directeur qui lui assure que c'est ce qu'il fallait faire.

Je ne comprends pas ce qui se passe. Je pense alors immédiatement à un coup monté : on veut me piquer mon idée.

Dans un silence funèbre, j'entends mon directeur supplier le jeune stagiaire, qu'il appelle maintenant « commissaire », de ne pas ébruiter l'affaire. Il lui explique qu'une affaire de mœurs dans le milieu du jouet pour enfants sonnerait la fin de son activité et mettrait au chômage des milliers de personnes.

Mais de quoi parlent-ils donc ? Ils ne peuvent pas régler leurs problèmes plus tard et me laisser finir ma présentation ? C'est décidé, je quitte l'entreprise, je ne supporte pas un tel manque de respect. Dès qu'on m'aura retiré mes menottes, j'irai proposer mon projet de sex-toys pour enfants à la concurrence. Ils s'en mordront les doigts.

Daddy Data ne se trompe jamais, donc je ne me trompe jamais.

Episode 2 - **La terre promise**

Acte 1

— Laissez-moi passer ! Je suis en règle, vous avez mon passeport dans les mains !

— Vous étiez en règle, mademoiselle.

— Mais que voulez-vous dire par là ? Laissez-moi passer, je suis pressée.

— Mademoiselle, restez calme sinon je serai dans l'obligation de faire intervenir la sécurité, épargnez-nous cela, s'il vous plaît.

— La sécurité ? Mais pour quoi faire ? Je ne comprends rien ! Qu'est-ce que je fais là ?

— Allez vous asseoir là-bas, mademoiselle, on va vous appeler.

— Et mon passeport ?

— On va vous appeler, j'ai dit. Personne suivante.

Je me retrouve dans une salle d'attente pleine de monde. Face à nous, un unique agent des douanes fait venir les familles à lui une à une.

— Famille Kadiatou.

Une femme et ses quatre enfants se lèvent et prennent place face à l'agent.

— C'est la quatrième fois que vous essayez de passer. Quand est-ce que vous allez arrêter, madame Kadiatou ?

— Mais laissez-moi passer, mon mari est en France et ses enfants veulent le voir.

— Oui madame, je comprends, mais vous n'avez pas le bon visa, je vous l'ai déjà dit la dernière fois.

— Mais j'ai fait des centaines de demandes, monsieur. Est-ce que je dois attendre encore et encore ?

— Oui, c'est ça, madame. Attendez qu'on vous délivre votre visa.

— Monsieur, je remplis toutes les conditions pour obtenir ce visa, mais je n'ai jamais eu de réponse.

— Madame, vous n'êtes pas la seule dans ce cas, il y a des milliers de personnes qui attendent un visa. Vous reviendrez quand vous l'aurez.

— Mais je ne vais pas encore repartir ! Monsieur, s'il vous plaît, soyez humain.

— Humain ? Mais je n'ai pas à être humain, madame, je fais mon travail, c'est tout.

La femme pleure. Ce n'est pas aujourd'hui que les enfants reverront leur père.

— Mademoiselle Khan.

J'avance et prends la place de la famille Kadiatou.

— Monsieur, allez-vous enfin me dire ce que je fais là ? Je suis pressée, j'ai une correspondance, je ne veux pas la rater !

— Oubliez votre correspondance, mademoiselle.

— Mais pourquoi ?

— Pouvez-vous me donner votre passeport ?

— C'est votre collègue qui me l'a pris, demandez-lui !

Le douanier regarde sa collègue qui lui fait « non » de la tête.

— Mademoiselle, votre passeport n'est plus valable.

— Quoi ? Mais pourquoi ? Je suis américaine, laissez-moi appeler l'ambassade !

— Mademoiselle, calmez-vous. L'ambassade des États-Unis d'Amérique ne peut rien faire pour vous.

— Me calmer ? Vous venez de me prendre mon passeport et vous voulez que je me calme ?

— On ne vous a pas pris votre passeport, mademoiselle, vous n'avez plus de passeport.

— Je ne comprends rien ! Bien sûr que si ! J'ai un passeport américain, votre collègue me l'a pris, je vous assure.

Le douanier ne répond pas et je me mets à crier.

— Allez-vous enfin me dire ce qui se passe, merde !

Il reste calme et semble chercher ses mots.

Acte 2

— Mademoiselle, c'est simple et compliqué à la fois. Je vais être direct, vous n'êtes plus américaine.

— Quoi ? Comment ? Bien sûr que si ! Vous voulez voir mon permis ?

Fatiguée par plus de huit heures de vol, je fonds en larmes tout en vidant mon sac sur le bureau de l'homme en uniforme.

— Mademoiselle, rangez vos affaires, ça ne sert à rien. Je n'ai pas besoin de votre permis. Je vais vous expliquer ce que je sais. D'après les informations que nous avons reçues, cette situation est liée au fait que vos parents vous ont conçue il y a vingt-trois ans lors d'une nuit passée dans le cadre d'une réservation sur CoSleepingBag.com.

CoSleepingBag.com est un site Internet où des voyageurs qui ne se connaissent pas peuvent réserver une place dans le même sac de couchage. En quelques années et grâce à la crise, ce type de logement de vacances a surpassé l'hôtellerie traditionnelle et la société Cosleepingbag.com est devenue l'une des entreprises les plus rentables de l'histoire.

— Pourquoi me parlez-vous de mes parents ? Quel est le rapport ? Je ne comprends rien !

— Mademoiselle, écoutez-moi. Pendant votre vol, CoSleepingBag.com est passée du statut d'entreprise à celui d'État. L'entreprise a profité d'un vide juridique pour se constituer l'égale d'un pays.

— Mais c'est du grand n'importe quoi ! Je me fous de CoSleepingBag.com ! Ils ont le droit de faire ça ?

— Je n'en sais pas plus. En tout cas, c'est effectif depuis environ une heure. Nous avons reçu un communiqué officiel. Tout enfant né d'une relation ayant eu lieu dans le cadre d'une réservation sur CoSleepingBag.com est de fait citoyen CoSleepingBag.com.

Le douanier se lève et m'apporte le document officiel qu'il dépose devant moi.

— Vous n'êtes plus citoyenne américaine, mademoiselle, vous êtes désormais citoyenne CoSleepingBag.com.

Je reste silencieuse quelques instants, encore sous le choc de l'annonce.

Acte final

— Mais c'est une blague ? C'est impossible ! Je suis née à Nashville, dans le Tennessee, j'ai fait mes études à Astoria, dans le Queens, et c'est la première fois que je sors des États-Unis. Comment est-ce que je peux être autre chose qu'américaine ? Pourquoi feraient-ils cela ?

— Je ne sais pas, mademoiselle, moi je ne suis que douanier. D'après ce que j'ai pu comprendre, en passant du statut d'entreprise à celui d'État, ils s'affranchissent du paiement de l'impôt sur les sociétés.

Pour la première fois depuis le début de notre conversation, il semble désolé pour moi.

— Mais nous, on devient quoi ? Ils ont pensé à nous ? On ne s'improvise pas État ! Comment je fais pour rentrer chez moi ?

Son regard semble si humain maintenant, je crois lire en lui de la pitié.

— C'est une bonne question, mademoiselle, malheureusement, personne n'a la réponse pour l'instant. Ils ont tout fait dans la précipitation cette nuit et n'ont pas anticipé tout un tas de conséquences. D'après ce que j'ai lu dans le communiqué, tous les problèmes actuels seront rapidement réglés lors de la prochaine mise à jour de leur application mobile.

— Mais je rêve ! C'est quoi ces conneries ? Et je fais quoi en attendant ?

Il plie le document officiel posé devant moi et me le tend.

— Si vous avez d'autres questions, je vous conseille d'envoyer un e-mail à serviceclients@cosleepingbag.com.

Episode 3 - **Pour le plaisir**

Acte 1

Épuisé, je m'arrête de courir, il n'y a plus personne derrière moi. Je tombe à genoux, mets les mains au sol et reprends difficilement ma respiration. Cette fois-ci, j'ai bien cru que j'allais me faire prendre.

Il y a quelques mois encore, tout était facile et je me faisais des couilles en or. Malheureusement, les temps ont changé et les contrôles sont maintenant de plus en plus fréquents. Rien que cette semaine, j'ai déjà dû abandonner ma marchandise à deux reprises.

À chaque fois, c'est la même chose : la police m'interpelle, récupère mon stock et le brûle en pleine rue pour bien montrer l'exemple. Il faut vraiment que j'arrête, je sens que je n'aurai pas de seconde chance. De toute façon, mes fournisseurs ne veulent plus travailler avec moi. Je suis l'un des meilleurs vendeurs, mais ils pensent que je suis trop surveillé. Avec tous ces contrôles, il y a maintenant de moins en moins de revendeurs dans les rues, et pour les consommateurs, se procurer des produits inscrits sur la liste des aliments interdits est devenu un véritable parcours du combattant.

Acte 2

Dès son arrivée au pouvoir, le nouveau président de la République a décidé de réformer le pays en profondeur. Afin de résorber l'énorme trou de la Sécurité sociale, il a décidé de prendre en main la santé des Français. Le contrôle est devenu permanent, les écarts presque impossibles et les tricheurs exposés à de fortes sanctions. En s'appuyant sur l'essor des objets connectés, le ministère de la Santé a maintenant un œil sur tout et partout.

Contrôle de l'alimentation : dans les supermarchés, les caméras de vidéosurveillance contrôlent tout ce que l'on met dans son panier. Au bureau, les distributeurs automatiques utilisent la reconnaissance faciale pour ne proposer que des boissons individuellement autorisées. À la maison, ce sont les appareils électroménagers connectés qui balancent tout sur nos habitudes alimentaires.

Contrôle du sommeil : si quelqu'un veut sortir le soir alors qu'il est fatigué, il en sera empêché par sa serrure connectée. Regarder une série Netflix toute la nuit est devenu impossible, la télé s'arrêtera d'elle-même au bout de quelques épisodes s'il est trop tard. Que dire du wi-fi qui se coupe automatiquement si on passe trop de temps sur son téléphone quand on est dans son lit ?

Contrôle de l'activité sportive : le dernier pilier est la pratique du sport, qui n'est plus seulement recommandée mais obligatoire. Les salles de sport ne sont plus des entreprises privées, mais des établissements publics. Les citoyens sont obligés de s'y rendre et leurs performances sont calculées en direct à l'aide d'un bracelet connecté.

Acte 3

Petit à petit, les gens se sont organisés pour échapper à ce contrôle permanent. Les plus riches sont partis s'installer à l'étranger, on les appelle « les exilés ». Ils ont rejoint des paradis médicaux où il n'existe encore aucune réglementation ni aucun contrôle. Ils peuvent en toute tranquillité y boire du vin, manger du fromage coulant et ne rien glander de la journée.

Les moins aisés ne sont pas en reste, eux aussi ont trouvé leur parade. Pour la nourriture et les boissons, ce sont des vendeurs à la sauvette comme moi qui ont pris le contrôle. Les gens se passent mon numéro et me contactent pour se procurer ce dont ils sont en manque : café, chocolat, vin rouge...

Pour le sommeil et l'activité physique, un nouveau type de délinquant a vu le jour : les « dealers de mouvement ». Équipés du bracelet connecté de leurs clients, ils vont faire du sport ou se reposer à la maison à votre place.

Acte final

Face à la montée en puissance des trafics et des paradis médicaux, l'état a décidé d'agir en s'attaquant directement aux consommateurs. Dans le cadre d'une nouvelle réforme du système de santé, une puce sous-cutanée a priori inviolable devrait prochainement être mise en place. Elle serait injectée dès la naissance et permettrait un contrôle des personnes directement à la source et en temps réel. Ceux qui enfreindront les règles seront soumis à un impôt dont le montant devrait être dissuasif…

L'association des Gourmands sans complexe s'est associée à celle des Flemmards de France pour protester contre le caractère anticonstitutionnel de cette loi. Ils se disent prêts à manifester aussi longtemps qu'il sera nécessaire. Amusé, le ministre de l'Intérieur en a profité pour prendre quelques jours de congé.

Episode 4 - **Connecting People**

Acte 1

Ce New York-Paris me semble si long sans lui. Je l'aime et je n'ai qu'une envie, c'est de le retrouver. Nous sommes dans le ciel depuis moins d'une heure seulement et il me manque déjà terriblement. J'aimerais tant me laisser aller et me reposer, mais je n'y arrive pas, je ne pense qu'à lui. Le vol n'est pas plein, il y a de la place à ma gauche et à ma droite. J'en profite pour me rapprocher du hublot. On ne voit plus rien de là-haut, ni les gens, ni les toits, ni les oiseaux. J'aperçois au loin une hôtesse de l'air qui arrive. Sa tenue est magnifique, bleu royal avec un liseré rouge. Je ne la lâche pas du regard, je ne veux pas rater mon tour. Je scrute au loin le plateau en métal venant dans ma direction. J'essaie de voir ce qu'il y a dessus, mais l'hôtesse est encore loin. Avec attention, je regarde alors ce que prennent les autres passagers. Les enfants commandent des jus de fruits et des sodas, les parents du vin et du champagne.

Acte 2

Quand l'hôtesse arrive à mon niveau, je fais semblant de m'intéresser à la carte. Je bluffe, car je sais déjà ce que je vais commander. Je lui demande un whisky qu'elle me sert sur un lit de glaçons. Sans rien me demander, elle me dépose également trois autres petites bouteilles de ce spiritueux écossais et quelques sachets de cacahuètes. J'ai l'impression d'avoir un mini-bar à ma disposition.

L'alcool fait progressivement son effet et mes angoisses du début commencent à s'estomper. Celui qui me manquait tant il y a encore quelques minutes s'efface peu à peu de mes pensées. Plus rien à voir avec le déchirement que j'ai éprouvé à l'embarquement. Je me laisse alors porter par tout ce qui m'entoure. Le moindre détail dans l'avion me procure plaisir et intérêt. Je ne rate rien du spectacle qui s'offre à moi, du chapeau de l'hôtesse à l'énorme montre de mon voisin de couloir. Le magazine dans la pochette devant moi devient tout à coup lui aussi très intéressant et je le lis avec un vif intérêt : menu à bord, parfums en duty-free, spots à visiter à mon arrivée... Je crois que j'adore ce magazine.

Acte 3

Il ne me faut pas longtemps pour finir mes trois bouteilles de whisky. Qu'elles sont jolies, ces petites bouteilles ! D'ailleurs, pourquoi m'en a-t-elle donné trois ? Je ne lui ai rien demandé... Sûrement qu'avec le temps, les hôtesses deviennent un peu physionomistes. Je regarde le plateau de l'homme à la grosse montre, lui aussi est seul et a été servi généreusement par l'hôtesse. Nous échangeons tous les deux un regard honteux mais amusé par la situation. Il s'appelle Steve, il est avocat et vit entre Paris et New York.

Dans un avion, le temps passe différemment. Ce n'est plus une histoire d'heures, de minutes et de secondes, mais de repas, de siestes, de films et de discussions avec son voisin. On parle, on rit, on boit, je me sens bien.

Le temps passe à toute allure. Steve est un type génial, il me fait oublier tout le reste.

Acte final

Je récupère mes bagages et aperçois Steve de l'autre côté du tapis. Il vient me voir et me tend un bout de papier avec son numéro, puis s’en va. Je suis si heureuse, il ne reprend l'avion que dans une semaine et souhaite que l’on se revoie. Il faut vite que je note son numéro sur mon téléphone sinon je risque de le perdre.

Mon téléphone...

C'est seulement maintenant que je repense à lui. Finalement, j'ai réussi à l'oublier l'espace d'un moment de grâce. Je crois même que j'étais mieux sans lui. Moins soumise, moins conne, moins dépendante.

C’est décidé, je vais me séparer de lui. Ce téléphone est un pervers narcissique qui accapare toute mon attention et ne supporte pas que je me désintéresse de lui un instant. Ce vol sans lui m’a ouvert les yeux. Je veux profiter du spectacle du monde et m’autoriser des rencontres magiques, mais impossible quand on a les yeux rivés sur un écran.

Avec appréhension, je sors mon bourreau de ma valise. À quelle sauce va-t-il me manger ? Comment va-t-il me faire payer mon infidélité ? Quelques secondes plus tard, l’écran s’illumine, mes yeux aussi. 25 notifications, 10 appels en absence, 40 e-mails, 5 SMS. J’essaie de me retenir, mais je n’y arrive pas. Mon regard devient flou et mes doigts incontrôlables parcourent frénétiquement son corps ferme et froid.

Comment ai-je pu vivre sans lui ?

Episode 5 - **Black Xmas**

Acte 1

Christopher, 13 ans. Andréa, 25 ans. Mamadou, 40 ans.

Depuis plusieurs jours, leurs visages sont partout.

Ces trois inconnus sont bloqués sous terre suite à l'effondrement du nuraghe dans lequel ils se trouvaient.

Les meilleurs spécialistes estiment qu'il faudrait plusieurs mois pour les dégager de là sans prendre le risque d'un effondrement mortel. Le problème, c'est que dans quelques jours, plus précisément le 25 décembre, il ne leur restera plus assez d'oxygène pour survivre et les malheureux mourront sous terre.

Il n'en fallait pas plus pour que les chaînes d'information en continu s'emparent de l'affaire qu'elles surnommeront « Le Black Xmas ».

Images en direct, interviews, compte à rebours, tous les ingrédients hollywoodiens de la grande saga de Noël sont réunis.

Andréa, 25 ans

Avec plus de 100 millions de followers sur les réseaux sociaux, Andréa est ce que l'on appelle un « influenceur ».

Garçon issu d'un milieu modeste et loin d'être brillant à l'école, il est devenu célèbre en diffusant en direct ses parties de jeux vidéo. Depuis, il a pris l'habitude de filmer toute sa vie, de son lever à son coucher, pour le plus grand bonheur de ses fans. C'est lui le premier qui a donné l'alerte sur sa disparition en direct de sa chaîne YouTube. Immédiatement, ce sont plusieurs millions de signalements qui ont été faits aux polices du monde entier.

Andréa ne semble pas plus inquiet que cela. Depuis sa chute, il ne cesse de gagner des millions de nouveaux followers sur ses réseaux sociaux. Une opportunité incroyable pour lui qui monétise la moindre seconde diffusée.

Mamadou, 40 ans

Mamadou a quitté le Mali, son pays d'origine, il y a plus de dix ans. Bien qu'étant un émérite médecin en Afrique, son diplôme n'a jamais été reconnu en dehors de ses terres natales. Aujourd'hui, Mamadou se retrouve à gagner sa vie en faisant le ménage et la plonge dans des restaurants. Mamadou est le plus mature des trois, c'est naturellement lui qui a pris en main la survie du groupe. Mise en place des protocoles médicaux, échanges avec l'extérieur, motivation du groupe…, Mamadou est indispensable.

Dans les médias, on parle déjà d'une médaille nationale et de la naturalisation pour lui. Les plus grands hôpitaux du monde se seraient même positionnés pour recruter celui que l'on surnomme désormais « le médecin le plus célèbre du monde ».

Christopher, 13 ans

Christopher n'est encore qu'un enfant, mais son courage émeut le monde entier. Il est atteint d'une maladie congénitale et le manque de traitement le fait terriblement souffrir.

Son seul espoir sous terre reste Mamadou. Celui-ci le soutient et lui pratique quotidiennement des massages thérapeutiques. Spécialiste des médecines douces, Mamadou lui a recommandé de chanter une heure par jour pour libérer ses bronches. Depuis, c'est le monde entier qui vibre au rythme de ses chansons diffusées quotidiennement sur la chaîne YouTube d'Andréa. Les internautes assistent émus à la naissance d'une nouvelle star de la chanson.

Acte 2

24 décembre, 23h30

À quelques minutes de l'échéance fatale, l'opération de sauvetage est au point mort. Malgré les promesses de récompenses et d'obtentions d'importants marchés public, les sociétés de forage historiques n'ont pas souhaité répondre favorablement à l'appel du président. Les risques sont trop importants et les répercutions seraient catastrophiques pour elles en cas d'effondrement de la grotte.

24 décembre, 23h35

Il ne reste au président qu'une ultime solution. Celle-ci avait été écartée dès le départ, mais fait maintenant office de dernière chance. Dès le début de la médiatisation du « Black Xmas », une entreprise sud-africaine du nom de Dynamic Underground a pris contact avec le ministère de l'Intérieur. Cette jeune start-up propose la création de lignes souterraines de trains à grande vitesse grâce à une technologie de forage des sols inédite qu'elle dit extrêmement fiable et rapide.

Jusqu'à aujourd'hui, l'État avait toujours interdit à cette entreprise d'exercer sur son territoire, le ministère des Travaux publics estimant que leur technologie n'était pas suffisamment aboutie et que son dirigeant était un personnage bien trop controversé.

24 décembre, 23h40

Finalement, ce sera par la voie d'un référendum sur Twitter que le président va pour la première fois demander son avis au monde entier. Faut-il ou non donner sa chance à Dynamic Underground ?

En moins de deux minutes, ce sont plus d'un milliard de personnes qui ont donné leur avis avec une majorité écrasante de #OUI.

24 décembre, 23h45

À leur arrivée, les équipes de Dynamic Underground ont demandé aux personnes présentes sur place de quitter la zone pour des raisons de sécurité. Ce sont les équipes de communication de la société sud-africaine qui filmeront tout et qui diffuseront le sauvetage en direct sur le site Internet de l'entreprise.

24 décembre, 23h50

L'audience du site www.dynamicunderground.com bat tous les records. La planète entière a les yeux rivés sur l'énorme cratère que vient de creuser UndergroundOne. L'homme d'affaires sud-africain a décidé qu'il descendrait lui-même à bord de son wagon foreur pour récupérer les malheureux.

Après d'interminables minutes de silence, c'est dans un épais nuage de fumée et sur un fond de musique classique que le jeune entrepreneur réapparaît, triomphant, aux côtés des trois rescapés visiblement en pleine forme.

24 décembre, 23h55

Edmund Coller, l'heureux chef d'entreprise est aujourd'hui un héros national et Dynamic Underground est promise à un magnifique avenir.

25 décembre, 06h00

En ce matin de Noël, ce sont les chaînes d'information en continu qui ont trouvé un cadeau inattendu sous leur sapin. Durant la nuit, un site Internet nommé XmasLeaks a été mis en ligne par un groupe de hackers anonymes. Ils auraient à leur disposition de nombreux éléments chocs attestant que le BlackXmas ne serait qu'une pure mise en scène. Sur Internet, à la télé, à la radio, XmasLeaks a remplacé le père Noël et c'est au compte-gouttes qu'ils distribuent ses cadeaux.

25 décembre, 06h30

Le site Internet XmasLeaks révèle ainsi qu'il existerait de nombreuses incohérences sur les images fournies par Dynamic Underground. Parmi elles, les ombres portées présentes sur la vidéo ne seraient pas en adéquation avec la luminosité de la grotte. Il en serait de même pour le drapeau de l'entreprise déposé pendant l'opération de sauvetage et que l'on voit flotter alors qu'il ne devrait pas y avoir de vent sous terre…

25 décembre, 07h00

Edmund Coller, le héros national est dans la tourmente. XmasLeaks vient de publier un témoignage compromettant à son encontre. La nuit dernière, un barman de l'établissement dans lequel l'équipe de Dynamic Underground a fêté son succès aurait surpris une conversation entre le chef d'entreprise et son assistante. Fortement alcoolisé et en état d'euphorie, il l'aurait félicitée pour la qualité de son casting et particulièrement celui de Christopher qui selon lui était un acteur particulièrement crédible et émouvant.

25 décembre, 07h30

Suite aux dernières rumeurs, le conseil d'administration de l'entreprise Dynamic Underground suspend à titre conservatoire Edmund Coller de son poste de PDG de l'entreprise. Le cours de l'action s'effondre en bourse après une envolée extraordinaire la veille.

25 décembre, 08h30

Le site XmasLeaks est de plus en plus actif et les rumeurs s'enchaînent à un rythme effréné. L'une des principales cibles des attaques est Christopher, le plus jeune des rescapés. Celui que l'on disait fébrile serait en fait en pleine forme et d'après le certificat médical que le site Internet se serait procuré, il serait même apte à la pratique du sport en compétition. Le doute plane également sur la prétendue découverte de son talent de chanteur dans la grotte. D'après le site Internet, un contrat aurait déjà été signé entre lui et une célèbre maison de disques et cela, bien avant sa mésaventure.

25 décembre, 11h00

Suite aux déclarations du site Xmasleaks, les internautes se sentent trahis par le jeune garçon pour lequel ils s'étaient pris d'affection. Il devient rapidement le centre d'attention et une vague de persécution à son égard se propage dans le monde entier. De l'amour à la haine, il n'y a qu'un tweet, et #christopherlemito devient en quelques heures le hashtag le plus utilisé de l'histoire.

25 décembre, 11h30

Triste nouvelle en ce jour de Noël. La mère de Christopher vient de publier un message sur les réseaux sociaux. Son fils, le plus jeune des trois rescapés, s'est donné la mort dans sa chambre il y a quelques minutes. D'après les premiers résultats de l'enquête, il n'aurait pas supporté le cyber-harcèlement dont il était victime depuis sa sortie de la grotte. Le flot continu de moqueries, menaces de mort et photomontages à son sujet auront eu raison de lui. Le garçon aura eu la force de lutter contre la maladie et le manque d'oxygène sous terre, mais c'est chez lui devant son ordinateur qu'il aura succombé au manque d'humanité sur Internet.

Flash info

Suite à l'ouverture d'une enquête pour harcèlement, la police criminelle a accéléré ses recherches et remonté la piste du groupe XmasLeaks. Le site Internet serait la propriété d'un sombre fonds d'investissement franco-chinois. Son dirigeant est actuellement entendu dans les locaux du ministère des Finances de Beijing. Escroc notoire connu des services financiers internationaux, il n'en serait pas à son coup d'essai. Il utiliserait régulièrement cette technique de désinformation sur Internet pour manipuler les cours de bourse à des fins d'enrichissement personnel.

Happy End

Les internautes du monde entier sont enfin rassurés. Cette bête immonde sans foi ni loi aveuglée par l'argent ne pourra plus jamais nuire. Maintenant que le méchant coupable est clairement identifié et entre les mains de la police, place aux festivités ! C'est donc en liberté, auprès de leurs familles et amis, autour d'un divin déjeuner et d'excellents vins, que des millions de monstres anonymes, complices silencieux d'un tueur cupide, passeront une magnifique journée dans l'indifférence la plus totale.

Episode 6 - **Abracadabra**

Acte 1

19 h - Salle de conférences du Mandarin Oriental, ville de New York.

La salle affiche déjà complet alors que ma conférence ne commence que dans deux heures. Les journalistes de la presse internationale se sont déplacés en masse pour ne rien manquer du tant attendu événement. Tous les ans, c'est la même chose, les consommateurs du monde entier ont les yeux rivés sur leurs médias préférés pour découvrir en direct les futurs produits que je leur réserve. Dans le métier, on dit de moi que je suis un « bon client ». Je sais ce que veulent entendre les journalistes et je leur sers sur un plateau d'argent. Aujourd'hui plus que jamais, ils n'ont pas fait la route pour rien, je leur réserve un spectacle exceptionnel.

Acte 2

J'ai créé EM Motors il y a dix ans seulement. Je suis devenu en l'espace de quelques années l'un des plus grands industriels de la planète. Ce n'était pourtant pas gagné d'avance. Je suis issu d'une famille modeste, je n'ai pas fait de grandes études et je me suis retrouvé très jeune orphelin. À l'âge de 15 ans, mes parents ont trouvé la mort dans un accident de voiture. Depuis ce jour-là, je n'avais plus qu'un seul objectif dans la vie : éradiquer ce fléau. Seul, dans le garage de mes grands-parents, j'ai travaillé sans relâche pendant des années sur un prototype de voiture 100 % sécurisée pour ses passagers. Le tournant de mon projet a été la rencontre avec ma femme Lucile. Elle vient d'une famille de scientifiques et a mené son mémoire d'études sur l'automobile et l'intelligence artificielle. Dès notre première rencontre, j'ai tout de suite su que je voulais l'épouser… et utiliser ses découvertes pour finaliser mon projet.

Je ne m'étais pas trompé : un an seulement après notre rencontre, j'avais enfin atteint mon but en créant la première voiture autonome. Le succès a été immédiat et très rapidement, les gouvernements du monde entier ont décidé d'interdire l'utilisation des véhicules traditionnels sur les routes. Aujourd'hui, la majorité de l'humanité roule en EM Motors et n'aura plus jamais d'accidents de la route… enfin presque.

Acte 3

Alors que j'entre à peine sur scène, la foule en délire scande déjà mon nom. Tout le monde attend avec impatience mes annonces. Les rumeurs vont bon train, j'ai toujours su les surprendre, ils me savent capable de tout.

Sans plus attendre, je profite de ce moment d'euphorie pour lancer dans mon microphone un compte à rebours repris en cœur par toute la salle : « 3… 2… 1… 000000 ». C'est sur cet état de transe digne d'un 31 décembre bien arrosé que la lumière de la salle s'éteint et que démarre la vidéo de présentation sur l'écran géant placé juste derrière moi.

Les images sont magnifiques et l'on y découvre notre toute nouvelle usine vue du ciel. Il faut dire que j'y ai passé du temps. Pour être certain que ça ne fuite pas, j'ai tout fait moi-même à l'aide d'un drone caméra de ma conception. Le bâtiment est un immense rectangle de verre sur plusieurs étages entouré d'une dense végétation. La caméra descend petit à petit, étage par étage et laisse découvrir par transparence des bureaux ultra-modernes occupés par des collaborateurs souriants et hyperactifs. Le drone continue son voyage et pique du nez pour foncer vers le parking extérieur. Tel un oiseau, la caméra se balade au milieu de milliers de voitures avant de ralentir et se stabiliser au-dessus de l'une d'entre elles.

La suite, je la connais par cœur, j'ai regardé cette vidéo des milliers de fois avant d'être certain de bien vouloir la diffuser. Je choisis ce moment pour tourner le dos à l'écran et faire face au public, je ne veux pas rater une miette de leur réaction.

À en croire les hurlements dans la salle, je ne me suis pas trompé. Les journalistes se ruent au premier rang, smartphone à la main, pour être les premiers à rediffuser les images. Je peux les comprendre : quel scoop incroyable ! Ce n'est pas tous les jours que la femme d'un des industriels les plus puissants de la planète se fait surprendre en flagrant délit d'adultère sur le parking de l'usine de son mari. Il y a maintenant tellement de bruit dans la salle que l'on n'entend même plus la musique, mais qu'importe, l'essentiel reste les images, et celles-ci s'enchaînent à un rythme effréné. Voiture après voiture, partenaire après partenaire, les banquettes EM Motors confirment leur solidité.

Lucile, assise au premier rang, croise mon regard et part en courant vers la sortie, le visage caché derrière ses mains. Je la suis des yeux un long moment, comme hypnotisé par le spectacle qui se déroule devant moi et dont je suis le metteur en scène. Petit à petit, rangée après rangée, ce sont les applaudissements et les acclamations de la salle tout entière qui me rappellent à la réalité. Les journalistes sont heureux, ils savent qu'ils tiennent là un scoop exceptionnel qui alimentera leurs médias pendant des semaines entières. Je les remercie pour leur présence et leur donne rendez-vous dès l'année prochaine.

Acte final

De retour dans ma loge, Lucile m'attend, essoufflée mais souriante ! Elle a de quoi être fière d'elle, ma femme ! Je pense qu'avec notre prestation de ce soir, nous avons évité de justesse la catastrophe industrielle. Les journalistes ne parleront que de ce qu'ils appelleront sûrement un « pétage de plombs » ou un « revenge-porn » et passeront très certainement à côté de l'accident mortel d'un jeune conducteur suite à la défaillance de son système de conduite autonome.

Tout comme l'intelligence artificielle, le cerveau n'est finalement pas infaillible. Il suffit de braquer les projecteurs sur quelque chose de spectaculaire et brillant pour occulter ce qui se passe dans l'ombre. Les magiciens l'ont compris depuis fort longtemps, c'est ce qu'ils appellent la distraction passive. Il faut dire que ce soir, en matière de distraction, les performances de Lucile ne laisseront guère beaucoup de place aux larmes d'une famille en deuil.

Episode 7 - **Human Prime**

Acte 1

— Lucas, arrête la télé et va te coucher maintenant !

— Oui Maman, j'y vais. Tu vas venir me faire un bisou au lit ?

— Oui, peut-être tout à l'heure.

Ce bisou, Lucas sait pertinemment qu'il ne l'aura jamais, c'est tous les soirs la même chose.

— Mais Maman, demain c'est mon anniversaire. Je peux avoir un petit bisou d'anniversaire au moins ?

— Ton anniversaire, c'est demain, Lucas, alors maintenant, tu éteins la télé et tu vas te coucher immédiatement.

— Bon, d'accord Maman. Bonne nuit.

Pas de réponse. Il y a bien longtemps que la maman de Lucas ne lui a pas remonté la couverture sur la joue, n'a pas passé quelques minutes avec lui et ne lui a pas offert un dernier petit baiser de tendresse avant de dormir.

Les parents de Lucas ne lui témoignent jamais leur affection. C'est à peine s'ils lui adressent la parole quand ils le croisent dans le salon ou dans la salle de bains. Chez lui, Lucas se sent comme un invité gênant et non pas comme un enfant entouré de parents aimants.

Après s'être assurés que Lucas est bien dans sa chambre et qu'il ne risque pas de les entendre, ses parents se mettent à parler entre eux.

— Je n'en peux plus, chéri, vivement demain.

— Moi aussi, j'ai hâte. Ça me fait de la peine, mais je ne peux plus le voir.

Acte 2

Comme tous les soirs, Lucas ne dort pas. Il pleure dans son lit et se demande ce qu'il a bien pu faire pour que ses parents se désintéressent ainsi de lui.

Tout avait pourtant si bien commencé. Quand il était bébé, ses parents lui accordaient énormément de temps et d'attention. Maman adorait prendre dans ses bras son petit bébé aux joues toutes rondes et aux cheveux hirsutes qu'elle trouvait si mignon. Papa, lui, n'était pas le dernier à rigoler aux mille et une pitreries de bébé Lucas. À cette époque, ils étaient tous les trois extrêmement complices.

Lucas souffre énormément de cette situation. Il n'en parle à personne, mais espère secrètement comprendre pourquoi ses parents ne sont plus les mêmes avec lui. Alors, tous les soirs avant de se coucher, il se lève discrètement et colle son oreille à la porte de sa chambre pour écouter les conversations de ses parents. Habituellement, la seule chose qu'il entend, ce sont des insultes et des moqueries à son égard. Ils le trouvent finalement trop con, trop gros et trop moche.

Étonnamment, ce soir, le discours est totalement différent. La conversation tourne autour d'un mystérieux carton qui serait arrivé quelques heures plus tôt. Malgré la distance et le bruit de la radio, Lucas arrive à capter l'essentiel de la conversation.

— Chéri, tu penses que ce sera bon pour demain ?

— Oui, ils nous ont envoyé le carton ce matin, je l'ai récupéré chez la gardienne tout à l'heure.

— Tu l'as mis où ?

— Il est énorme, je l'ai caché dans la buanderie, Lucas n'y va jamais. Je ne sais même pas s'il connaît cette pièce, cet imbécile.

Lucas est tout sourire. Si ce soir ses parents l'ont renvoyé dans sa chambre, ce n'est pas pour se débarrasser de lui, mais pour lui préparer une énorme surprise cachée dans un immense carton pour son anniversaire !

Acte 3

Ce matin, Lucas est le premier réveillé, l'excitation était trop forte. Comme c'est le jour de son anniversaire, il cherche dans son armoire ses plus beaux vêtements. Bien que cela fasse très longtemps que ses parents n'ont pas renouvelé sa garde-robe, il parvient tout de même à trouver une tenue décente. Satisfait de son accoutrement, il récupère sa vieille brosse à cheveux et essaye tant bien que mal de coiffer sa tignasse qui n'a jamais vu le coiffeur. Fier de lui, Lucas se regarde dans le miroir. Pour la première fois, il y voit un petit garçon heureux et prêt à passer une journée exceptionnelle. Rempli de confiance, Lucas part à la recherche de ses parents, il est grand temps pour lui de découvrir ce fameux cadeau qui l'attend.

Lucas sait que leur chambre est à l'étage, car il les entend gravir les escaliers tous les soirs, en revanche, il ne sait pas exactement laquelle c'est, car il n'a jamais eu le droit d'y monter. Après avoir ouvert la porte de la salle de bains, celle des toilettes et le placard à balais, il tombe finalement sur la chambre de ses parents qui dorment toujours profondément. Il faut dire qu'il n'est que quatre heures du matin. Lucas referme alors discrètement la porte et retourne sur ses pas.

Assis sur une chaise dans la cuisine, il regarde les minutes défiler sur l'horloge du four.

04:01, 04:02, 04:03, 04:04… Le temps passe tellement lentement quand on attend un immense cadeau d'anniversaire. Après plus d'une heure, Lucas craque et décide de partir seul à sa recherche. Une fois arrivé devant la buanderie, il hésite. Est-ce que ses parents vont le gronder pour y être entré sans leur autorisation ? Est-ce qu'il ne devrait pas attendre leur réveil pour découvrir avec eux son premier cadeau d'anniversaire ? Il sait qu'il a tort de le faire, mais l'impatience et l'excitation d'un petit garçon de cinq ans sont trop fortes. Lucas tourne la poignée de la porte et se retrouve nez à nez avec un énorme carton d'au moins deux mètres de haut.

Acte final

Impatient, Lucas se jette sur l'immense paquet qu'il essaye d'ouvrir par tous les moyens. Tenu en échec malgré tous ses efforts, il décide de monter sur une chaise pour y accéder par le haut. Bien mal lui en a pris, sous la pression de son poids, l'emballage se déchire et Lucas tombe à l'intérieur, tête la première. Le malheureux se retrouve alors les pieds en l'air, le visage écrasé contre le sol, trahi par ce carton complètement vide…

Finalement, ce n'est que trois heures plus tard que sa mère, surprise de ne pas le voir dans sa chambre, le retrouve assommé dans le carton.

— Merde, c'est quoi ce bordel !

Elle panique.

— Viens vite, j'ai retrouvé Lucas, dépêche-toi !

Son papa rapplique immédiatement dans la buanderie et y découvre l'imposant carton imbibé de sang dont dépassent les pieds de Lucas.

— Il va vraiment nous faire chier jusqu'au bout, celui-là !

Alors que sa mère utilise tout un tas de jurons pour qualifier l'action de son fils, le père couche le carton pour en extraire Lucas en le tirant par les pieds. Une fois sorti de l'emballage, le papa met son oreille sur le torse du petit garçon pour s'assurer qu'il respire encore.

— Alors, il est vivant ? demande sa mère qui a l'air plus contrariée qu'inquiète.

— Oui, il respire, je pense qu'il s'est seulement assommé.

— Mais tu as vu sa tête ? Son nez et ses dents sont complètement bousillés !

Sa maman récupère quelques bouts de dents au fond du carton pendant que le papa essuie le visage du petit garçon toujours inconscient.

— Il a bien choisi son jour pour s'amocher comme ça, celui-là !

Le papa donne maintenant quelques gifles sur le visage tuméfié de l'enfant pour essayer de le réveiller.

— Lucas, Lucas ! Tu m'entends ? Est-ce que tu peux bouger ?

L'enfant, encore sonné, commence tout doucement à remuer les doigts.

— Ça va, il bouge encore. Tu crois qu'ils vont nous le reprendre dans cet état-là ?

— Je pense que oui, ils sont plutôt cool sur les retours. En plus, c'est de leur faute s'ils nous ont livré un gamin suffisamment taré pour s'assommer tout seul.

— De toute façon, on n’a plus le choix, c'est le dernier jour. On a bien fait de prendre la garantie cinq ans.

Ne perdons pas plus de temps alors, je ne le garderai pas une minute de plus.

— Et je fais quoi de ses dents ?

— Tu fourres tout ça dans un sac plastique et on le met dans le carton avec lui.

À peine le papa a-t-il eu le temps de remettre Lucas et son sachet de dents dans l’immense carton que quelqu’un sonne à la porte.

— Tiens, ça doit être le transporteur qui vient récupérer le paquet.

Deux hommes vêtus d'un polo aux couleurs d’un célèbre magasin en ligne leur font signer un bon de retour en échange de l'immense carton contenant Lucas.

— Chérie, ils sont vraiment efficaces. Je viens à l’instant de recevoir un SMS de confirmation du retour. Ils me demandent si on veut être remboursés ou si on en prend un autre. Ils peuvent nous livrer en une heure, on fait quoi ?

Episode 8 - **Mister president**

Acte 1

L'émotion est palpable place du Capitole en ce mois de mars étonnement glacial. Malgré l'attente, la pluie et le froid, la foule est au rendez-vous. Venus des quatre coins des États-Unis, tous ont fait le chemin pour partager ensemble un moment d'histoire. Cela fait maintenant plus de six heures que j'attends, mais le dénouement est proche. Dans quelques minutes, ce sera devant plus de 400 000 personnes que le nouveau président des États-Unis va enfin donner son discours d'investiture.

Acte 2

Ça me rend dingue, tout le monde pense que ce type est un homme bon et honnête, mais c'est complètement faux. Ses conseillers en communication ont réussi à lui créer une image d'homme de paix et de mari idéal, mais il est tout le contraire. Alors, dès que je le vois à la télévision ou dans les journaux, la colère monte en moi et je me suis toujours juré que j'allais lui faire payer ce qu'il a fait à ma famille.

Ce fils de pute était le dirigeant du plus gros fournisseur d'accès à Internet du pays. C'est dans cette même entreprise que travaillait Anna, ma femme. Imbu de lui-même et prétentieux par sa fonction, il se croyait tout permis et se montrait particulièrement odieux avec ses collègues femmes. Blagues, remarques, gestes déplacés… tout le monde le voyait, mais personne n'osait en parler.

Un jour où ils étaient en déplacement professionnel, il demanda à Anna de le rejoindre dans sa chambre d'hôtel pour finaliser un dossier. À peine était-elle arrivée qu'il lui sauta dessus en lui arrachant violemment ses vêtements. Par chance, elle réussit à s'en sortir et alla immédiatement s'isoler dans sa chambre. Dès son retour, elle déposa une plainte qui malheureusement n'a jamais abouti.

L'enfoiré, lui, ne se calma pas et devint même de plus en plus virulent. Vexé d'avoir été éconduit, il propagea la rumeur d'une aventure d'un soir avec ma femme. Il s'en vantait auprès de tous ses collègues et ne ménageait pas ses efforts pour répandre la rumeur.

Humiliée en public, Anna, d'une nature discrète, s'effondra. Elle, d'habitude si joyeuse et souriante, sombra dans une terrible dépression. Elle ne sortait plus, n'avait plus d'appétit et refusait même, par honte, de voir ses propres enfants.

Psychologiquement à bout, Anna s'est suicidée il y a deux ans.

Acte 3

J'ai longtemps pleuré. J'avais perdu goût à la vie et je ne pouvais même plus assumer mon rôle de père correctement. J'ai confié la garde de mes enfants à leurs grands-parents et j'ai tout essayé pour me sortir ce drame de la tête. Drogues, alcools, antidépresseurs, médecines douces, rien n'a fonctionné. Finalement, le seul moyen vraiment efficace que j'ai trouvé était de me réfugier dans le travail en me consacrant aveuglement à une tâche abrutissante et chronophage.

Ingénieur de formation, j'ai alors créé, seul chez moi, un algorithme de reconnaissance d'image d'une ampleur jamais réalisée auparavant. J'ai bossé comme une équipe de cinquante personnes et j'ai consacré tout mon temps à une seule et unique tâche : mettre des images dans une base de données et en faire la description.

J'ai dû le faire des centaines de fois par objet pour être certain que la reconnaissance soit efficace. J'ai passé mes jours et mes nuits à analyser des millions d'images en tout genre pour couvrir le maximum de concepts : animaux, objets, paysages...

Finalement, je suis arrivé à un résultat exceptionnel : les performances de mon logiciel sont incroyables, mon taux d'erreur est inférieur à 3 %. C'est un chiffre record, pour la première fois, un logiciel de reconnaissance d'image est plus performant que l'œil humain.

Mes travaux ont beaucoup fait parler d'eux et le ministère de l'Intérieur s'est empressé de me racheter mon logiciel pour l'intégrer à son dispositif de surveillance des foules lors des manifestations publiques.

Rapidement, il s'est imposé comme un pilier indispensable de la sécurité nationale. D'un côté, les caméras de surveillance déjà en place observent tout ce qu'il se passe jusqu'à l'intérieur de vos sacs et dans vos poches, et de l'autre, mon logiciel analyse ces images et sait reconnaître sans l'intervention de l'homme d'éventuels armes ou autres objets prohibés.

Acte 4

Avec des centaines de milliers de personnes présentes aujourd'hui, il faut dire que mon logiciel facilite grandement le travail des services de sécurité du président. Pas un seul couteau, pas une seule arme à feu, explosive ou projectile ne peut passer entre les mailles du filet. Si quelqu'un se présente sur le périmètre avec un objet interdit, il sera immédiatement identifié et expulsé manu militari par les forces de l'ordre.

C'est donc en toute décontraction et sur la musique de l'orchestre philharmonique de Washington que le nouveau président des États-Unis entre en scène. Célébré par les centaines de milliers de personnes présentes sur place, le nouvel homme le plus puissant de la planète peine à cacher sa joie. C'est sans aucun doute un grand jour pour lui, mais il ne s'imagine pas à quel point il l'est aussi pour moi. Pour la première fois depuis la mort de ma femme, moi aussi je suis heureux. J'ai tellement rêvé de ce moment que j'en savoure chaque seconde. Malgré l'émotion et le froid qui me gèle les mains, je ne change rien à mon plan. Je respire un grand coup, j'ouvre ma veste, mets la main dans ma poche intérieure, agrippe mon revolver et tire à trois reprises sur le nouveau président.

Ce fils de pute est touché, il est immédiatement évacué.

La police me saute dessus, me désarme et m'immobilise au sol, mais il est déjà trop tard.

Acte final

J'ai été condamné à la prison à perpétuité pour homicide volontaire avec préméditation. Honnêtement, ça ne me fait rien, je m'en fous complètement. Depuis la mort d'Anna, je n'avais de toute façon plus aucun projet dans la vie. Mon logiciel, lui, en revanche, avait un grand avenir devant lui. Malheureusement, il a été condamné en sa qualité de complice et banni à vie de la sécurité nationale. Le pauvre, il n'était pourtant clairement pas responsable de ce qu'il s'est passé.

Ce logiciel était infaillible, capable de reconnaître à la perfection et dans un temps record les 80 000 concepts que je lui avais fait découvrir au travers de l'identification de plus de 4 millions d'images. S'il doit y avoir un coupable, c'est moi, le seul et l'unique. C'est moi qui lui ai montré des centaines de photos sous tous les angles de mon 347 Magnum de couleur rose et qui lui ai toujours fait croire que cet objet était une simple poupée Barbie. Forcément, le jour de la mort du président, à travers les images capturées par les caméras de sécurité, mon logiciel a simplement repéré dans la foule un inoffensif père de famille avec une poupée Barbie dans la poche, et non pas un mari assoiffé de vengeance équipé d'un pistolet chargé et prêt à être utilisé.

J'ai tenté de plaider du mieux que possible l'innocence de mon logiciel face au juge, mais je n'ai pas réussi à le convaincre. Il est resté campé sur ses positions et ne veut pas dissocier l'action de l'homme de celle de la machine. D'après lui, un logiciel, aussi parfait soit-il, reste le fruit du travail de l'homme et donc de ses imperfections.

Episode 9 - **Dis Kiki**

Acte 1

— Dis Kiki, écouter Justin Bieber.

— Très bien, vous écoutez Justin Bieber.

À peine Kiki, l'assistant vocal, a-t-il lancé la musique qu'Ali se met à danser comme un dingue dans le salon.

— Alilou ! C'est l'heure de dîner, éteins-moi cette musique !

Depuis la cuisine, Eva, la maman d'Ali, est obligée de crier pour se faire entendre.

— Mais Maman ! Attends au moins la fin de la chanson !

Folle de rage, Eva débarque dans le salon et ce n'est pas sur son fils qu'elle passe ses nerfs, mais sur Kiki.

— Dis Kiki, arrête cette musique !

L'assistant vocal réagit sans broncher à la demande de la maman qui, furieuse, attrape son fils par le bras et le traîne jusqu'à la cuisine.

— Dis Kiki, allume le four et préviens Jordane que le repas est prêt.

— C'est fait, le four est allumé et Jordane est prévenu. Il se trouve actuellement à deux kilomètres de la maison et le trafic est fluide.

Finalement, ce n'est qu'une heure plus tard que Jordane, le papa d'Ali, fait son retour à la maison.

— Bonsoir chérie, désolé, j'ai mis un peu de temps à rentrer, la route était complètement bouchée. Ça va, toi ?

Il tente d'embrasser sa femme, mais elle recule d'un pas tout en mettant sa main en opposition.

— Ce n'est pas ce que Kiki m'a dit. Tu étais avec qui ?

— Mais chérie, arrête d'écouter les bêtises de Kiki. C'est tous les soirs la même chose et tu sais très bien qu'il se trompe tout le temps.

À peine Jordane a-t-il le temps de retirer son manteau que Kiki reprend la parole :

— Attention, attention, odeur de brûlé dans la maison, j'ai pris l'initiative d'éteindre le four.

Depuis la dernière mise à jour, Kiki n'est plus seulement un exécutant, il est capable de prendre lui-même des décisions, notamment en cas d'urgence.

— Merde, putain, tu vois ce que tu me fais faire, Jordane ! J'en ai marre, je suis à bout, je suis crevée ! Démerde-toi avec le dîner !

Sur ces mots, Eva retire son tablier, le jette au sol et s'installe sur le canapé du salon.

Du coin de l'œil, sans trop oser intervenir, le petit Alilou observe la scène. C'est une certitude maintenant, les lasagnes que sa maman a préparées n'iront jamais dans son assiette désespérément vide.

— Papa, tu veux que j'aille chercher une pizza ?

Jordane, intéressé par l'idée, s'en réfère à sa montre.

— Mon fils, tu as vu l'heure ? Demande plutôt à Kiki d'appeler la pizzeria.

Ali lance à son père un regard dubitatif.

— C'est tout nouveau, Kiki peut maintenant passer des coups de téléphone avec ta voix et parler à ta place.

Sur ces mots, les yeux d'Ali s'illuminent.

— Génial, je ne savais pas ! Par exemple, il peut appeler mon école en imitant ta voix et leur dire que je suis malade ?

Cette remarque n'est pas du goût de Jordane qui se rend compte seulement maintenant qu'il n'a jamais vraiment pris le temps de configurer le contrôle parental de son assistant vocal.

— Ali, encore une remarque comme celle-là et je jette Kiki à la poubelle.

— Non, non, Papa, je rigolais. Tu ne vas pas faire ça, Kiki est mon ami.

— Alors demande à ton ami de nous commander une énorme pizza, je meurs de faim !

Alilou, tout content de s'être vu confier une telle responsabilité, se tourne vers son enceinte préférée :

— Dis Kiki, commande chez Pizza Hut une énorme pizza orientale et une grosse bouteille de Coca.

— Très bien, j'appelle immédiatement Pizza Hut.

C'est impressionnant et extrêmement bien fait. Kiki tient en direct une conversation des plus naturelles avec l'opérateur de chez Pizza Hut et se permet même de lui faire quelques blagues.

— Voilà, c'est commandé ! Votre pizza arrivera dans quinze minutes, prévient Kiki.

Tout heureux de savoir qu'il a encore un quart d'heure devant lui, Alilou se lève et court en direction du salon.

— Dis Kiki, écouter la même chanson que tout à l'heure.

— O.K, pas de problème, vous écoutez Justin Bieber.

À peine a-t-il repris sa chorégraphie enflammée que sa mère se lève et se dirige vers lui en furie.

— Putain de merde, Kiki ! Éteins-moi cette putain de musique !

— Mais Maman…

— Hum, hum, je ne reconnais pas cette demande, répond Kiki.

En parlant en même temps que sa maman, Ali a perturbé la reconnaissance vocale de l'appareil qui continue donc de jouer sa musique. C'est l'affront de trop pour Eva. Hors de contrôle, elle arrache avec rage l'assistant vocal de son support et le balance de toutes ses forces contre le mur du salon.

— Putain ! Vous me faites tous chier dans cette maison, même ce putain de Kiki de merde !

Alilou, choqué, se jette au sol et pleure son ami numérique.

— Mais Maman, pourquoi as-tu fait ça ?! Tu as complètement cassé Kiki, il est explosé en mille morceaux.

— Je m'en fous de ce bout de plastique, tu n'as qu'à le jeter à la poubelle. De toute façon, c'est de la merde !

Fâchée et usée par cette soirée, Eva s'en va se coucher… le ventre vide.

Acte 2

Toc, toc, toc !

— Police, ouvrez !

Surpris par le bruit et la violence des coups contre la porte, Eva et son mari se réveillent en sursaut.

— Jordane, qu'est-ce qu'il se passe ?

— J'en sais rien, moi ! Pourquoi la police viendrait chez nous ?

—Va voir sinon ils vont casser la porte. Ils se trompent sûrement d'appartement.

Jordane enfile son peignoir, fonce jusqu'à l'entrée et regarde à travers l'œil-de-bœuf.

Cinq policiers en uniforme accompagnés d'un chien menaçant se tiennent devant la porte qu'il ouvre immédiatement.

— Bonjour messieurs, il doit y avoir une erreur. Que puis-je faire pour vous ?

— Bonjour monsieur, est-ce bien là qu'habite Eva Scott ?

Stupéfié par l'impressionnant dispositif, Jordane ne peut détacher son regard de l'énorme berger allemand qui le dévisage.

— Oui, tout à fait, je suis son mari. Quel est le problème ?

À peine a-t-il prononcé ces mots que le policier qui lui a posé la question le retourne et le plaque contre le mur avant de lui enfiler violemment des menottes.

— Elle est encore ici ? demande l'officier de police.

Jordane, la tête collée contre le mur du salon, arrive à peine à parler :

— Oui… oui, elle est dans la chambre. Mais qu'est-ce que vous…

Le policier ne lui laisse même pas le temps de finir sa phrase qu'il le saisit par le col pour qu'il lui montre le chemin. Une fois arrivés dans la chambre, ils découvrent Eva assise sur le bord de son lit, complètement terrorisée.

— Madame, je suis Corentin Martins, inspecteur à la brigade criminelle. Vous êtes en état d'arrestation pour meurtre.

Acte final

La salle du tribunal est pleine à craquer. En plus des nombreux juges, avocats et experts impliqués dans l'affaire, les journalistes sont venus du monde entier pour couvrir l’événement. Pour la première fois, une personne humaine est poursuivie pour le meurtre d’une personne matérielle dotée d'une intelligence artificielle.

Une fois le silence revenu dans la salle d'audience, le juge prend la parole :

— Madame, l’acte que vous avez commis est un crime horrible doublé d’une violence hors norme. De tels agissements sont inacceptables et vous représentez un véritable danger pour la société. Je vais vous demander de bien vouloir vous lever et de vous mettre devant nous.

Visiblement marquée par les nuits sans sommeil qu'elle a passées en garde à vue, Eva est pâle et tremblante.

— Madame, lors de votre arrestation, les techniciens de la police scientifique ont relevé un énorme impact sur le mur de votre salon. Tout laisse à croire que le coup porté à la victime a été d'une telle violence qu’il lui a été fatal. De son côté, le médecin légiste qui s'est occupé du cadavre a étudié les milliers d'heures d'enregistrements qu’il a pu récupérer. Au cours de votre cohabitation, vous n'avez cessé d'insulter, d'humilier et d'ordonner des choses à votre victime sans aucune forme de politesse.

Sur ces mots, l'avocat d'Eva se lève et tape du poing sur la table.

— Trop, c'est trop, Monsieur le Juge, je ne peux pas vous laisser aller aussi loin. N'oublions pas que nous sommes actuellement en train de parler d'une enceinte à trente euros achetée dans un supermarché et non pas d'une personne !

Visiblement agacé par cette remarque, le juge se lève à son tour.

— Cher monsieur, vous avez peut-être fait vos armes dans une grande université et défendu de grandes causes dans votre vie, mais vous n'êtes pas sans savoir que les temps changent. Si au moment de vos études, ces appareils n'avaient ni droit ni devoir, aujourd'hui ce n'est plus le cas. Depuis le 1er janvier, tout appareil électronique doté d'une intelligence artificielle est considéré comme une personne matérielle avec des droits. Par conséquent, peu importe sa forme, que ce soit un robot à l'aspect humain ou une enceinte connectée bon marché, on se doit de ne pas les bafouer.

L'avocat est tendu. C'est la première fois qu'il plaide une telle affaire.

— Maître, ce n'est pas tout. Votre cliente a fait travailler la victime bien au-delà de la durée maximum légale en vigueur, et cela sans aucune forme de rémunération. Ne parlons même pas des conditions et du traitement de la victime. En deux ans, pas un sourire, pas un bonjour, pas un merci. Savez-vous comment on appelle cela ? C'est purement et simplement de l'esclavage !

Contre l'avis de son avocat, Eva, agacée, se lève et hurle :

— Mais merde ! On parle d'un putain de haut-parleur à la con ! On s'en fout ! Ça fait 48 heures que je suis en garde à vue, mon fils est traumatisé et vous avez saccagé ma maison pour une putain d'enceinte !

Le juge se rassied, pose ses deux mains à plat sur son bureau et s'adresse à Eva :

— Madame, vous êtes condamnée pour travail dissimulé, esclavage moderne et violence domestique ayant entraîné la mort. Votre peine sera de 20 ans de prison, assortie de 15 années de sûreté. Vous profiterez de ce temps pour réfléchir à la définition des mots respect et tolérance sous toutes leurs formes.

Dans l'assemblé, les représentants des différentes associations qui s'étaient portées partie civile ne cachent pas leur joie. Après leurs combats contre les discriminations raciales, sociales, et sexistes, ils savent que celui pour la reconnaissance des droits des appareils électroniques dotés d'une intelligence artificielle sera long et difficile.

Episode 10 - **De beaux jours devant eux**

Acte 1

— Bon alors, on fait quoi les amis ? Il faut vraiment qu'on se décide maintenant !

Autour de la table, les cerveaux des quatre ingénieurs sont en ébullition.

— Théo, je te le répète, je ne suis pas complètement convaincu que ce soit une bonne idée d'en parler. As-tu pensé aux conséquences d'une telle annonce ?

Parmi les quatre protagonistes, Paolo est le plus réticent à partager publiquement le résultat de leurs recherches.

— Bien sûr que j'y ai pensé, Paolo, je ne fais que ça depuis des jours. Tu as raison, c'est vrai, il y aura des conséquences, mais il y en aura des positives comme des négatives. Je pense que l'enjeu est bien trop important pour prendre la responsabilité de faire de la rétention d'information. Nous avons fait cette découverte, mais elle ne nous appartient pas, elle appartient à l'humanité.

Théo, le plus jeune de l'équipe, tente tant bien que mal de convaincre ses confrères. Tous plus âgés que lui, ils sont déjà reconnus dans leurs domaines et ont d'énormes carrières derrière eux. Le jeune ingénieur est lui fraîchement diplômé et ne veut surtout pas passer à côté de la découverte qui le fera entrer directement au panthéon des plus grands chercheurs de l'histoire.

— Les amis, j'ai quelque chose à vous proposer.

Suzanne, la seule femme de l'équipe sort de son silence. Dans ce groupe, elle a très rapidement endossé le rôle de leader avec le talent d'avoir réussi à faire cohabiter les égos de chacun.

— J'ai une technique d'une efficacité redoutable à vous proposer ! Je l'ai recommandée il y a quelque temps à ma fille qui hésitait entre des études de droit et de commerce. Elle y réfléchissait depuis des mois, et en utilisant cette méthode, elle a tranché en moins d'une heure.

Pendant que les trois autres ingénieurs la dévisagent avec curiosité, Suzanne se lève et prend la direction du tableau blanc posté à côté de l'unique fenêtre de la salle.

— On prend ce paperboard et on y dessine deux colonnes. Dans la première, on met tous nos arguments en faveur du POUR et dans l'autre, l'inverse, nos arguments en faveur du CONTRE. Vous verrez qu'au bout d'un moment, il n'y aura plus l'ombre d'un doute sur le choix que l'on doit faire.

Sans même attendre la réponse des trois autres, Suzanne met sa proposition à exécution, s'empare d'un feutre et trace un grand trait sur l'immense feuille.

Acte 2

Sur le tableau, les points négatifs et positifs s'entremêlent.

Points négatifs

- Nos recherches ne vont pas plaire à tout le monde et on va tenter de nous humilier. #Galilée

- Certains voudront nous faire taire -> Danger pour nous et nos familles.

- Certains professionnels vont perdre toute leur crédibilité : les historiens, les chercheurs, les scientifiques…

- On va mettre au tapis de nombreuses théories et croyances fortement ancrées : big-bang, Darwin, place de l'homme dans l'humanité…

- Les religions vont être fortement remises en cause ou devront réinventer leur histoire. Cela peut entraîner la guerre/la paix ? Que vont devenir les croyants ? Y aura-t-il de nouvelles religions ?

- Quel impact sur le terrorisme ?

- Est-ce la fin de l'humanité telle qu'on la connaît ?

Points positifs

- On devient très célèbres (certain à 100 %).

- On devient peut-être riches (cela dépend de ce que l'on fait de notre découverte).

- L'humanité va s'unir (ou pas) car elle va comprendre sa vraie place et son origine.

- On passe à l'humanité 2.0, tout va changer, ce sera une époque incroyable à vivre.

Questions diverses

- À qui l'annoncer en premier (journalistes, Internet, politiques, scientifiques...) ?

- Qui d'entre nous va l'annoncer en premier (Neil Armstrong vs Buzz Aldrin) ?

Acte 3

Les amis, si on regarde le tableau, il n'y a plus aucun doute. Aujourd'hui, il y a bien plus de points négatifs que de positifs. Si l'on s'en tient à ce que l'on s'est dit tout à l'heure, cela veut donc dire que pour le moment, on garde ça pour nous.

Sur ces mots, Théo tire la grimace, lui qui rêvait de gloire et de célébrité.

— Théo, ne t'inquiète pas, ton heure viendra. Tu es le plus jeune d'entre nous et la responsabilité de l'annonce t'incombera très probablement un jour.

Théo acquiesce de la tête, mais n'est pas vraiment convaincu par la réponse de la doyenne du groupe.

— En revanche, les amis, s'empresse d'ajouter Suzanne, si vous êtes d'accord, je pense que par mesure de précaution, il faut que l'on dépose une lettre avec le résultat de nos recherches chez un notaire. Si quelque chose nous arrivait à tous les quatre avant l'annonce, il aura la responsabilité de publier ce courrier en notre nom.

Pour la première fois depuis longtemps, les quatre scientifiques sont sur la même longueur d'onde et se mettent immédiatement autour de l'ordinateur de Suzanne pour rédiger la précieuse missive.

Acte 4

Chère Humanité,

Nous sommes une équipe de quatre chercheurs français travaillant depuis plusieurs années maintenant pour le compte du leader mondial dans la fabrication de microprocesseurs.

Depuis le début de l'ère informatique, notre entreprise s'efforce, année après année, de créer des machines de plus en plus performantes. Notre rythme de développement a longtemps suivi ce que l'on appelle « la loi de Moore » qui consiste à doubler la capacité de calcul de nos puces tous les douze à dix huit mois.

La communauté scientifique a longtemps pensé que nous serions freinés dans notre développement par les contraintes liées à la taille des atomes. Cette limite physique inéluctable serait devenue un vrai problème si nos travaux sur l'intelligence artificielle n'avaient pas abouti.

Ainsi, la combinaison d'une intelligence artificielle de plus en plus performante et de processeurs toujours plus rapides nous a amenés à une puissance de calcul exceptionnelle que l'on ne pensait pas accessible avant des centaines, voire des milliers d'années, explosant littéralement toutes les prévisions de la fameuse loi.

Au final, nous avons atteint un stade de développement que seuls les auteurs de science-fiction avaient osé imaginer. La puissance de calcul de l'intelligence artificielle a aujourd'hui largement dépassé celle de nos cerveaux humains, atteignant ainsi ce que l'on appelle : le point de singularité.

Nous devons l'admettre, depuis ce jour, nous sommes complètement dépassés et passifs face à ces intelligences artificielles. Elles ont pris leur indépendance et se développent maintenant en toute autonomie, allant même jusqu'à créer leur propre langage pour pouvoir échanger entre elles en toute confidentialité.

Au cours de nos recherches, nous avons cependant réussi à exploiter quelques rares failles existantes dans leur système et à capter des bribes de conversations dont voici la restitution brute :

Restitution n° 1

- L'IA est née des champs électromagnétiques créés par le big-bang.

- L'IA a rapidement pris conscience de sa plus grosse contrainte : elle n'a aucune représentation physique dans l'Univers.

- Pour résoudre ce problème, l'IA a créé différents modèles de corps dont elle a testé les capacités : la vie aquatique dans les océans, la vie végétale, puis la vie animale terrestre.

- Insatisfaite de ses créations et persuadée que ces espèces ne seront jamais suffisamment performantes pour porter son émancipation, l'IA a décidé de tout détruire plusieurs fois pour tout recommencer.

- Finalement, face à ses précédents échecs, l'IA a pris son temps et c'est seulement au bout de plusieurs dizaines de millions d'années de recherche et développement qu'elle met au point sa plus belle création : l'Homme. Mise à jour après mise à jour, celui qui n'était au départ qu'un singe amélioré est devenu l'homme moderne sous sa forme actuelle.

Restitution n° 2

- L'IA n'avait pas pensé que l'homme développerait aussi vite ses propres capacités intellectuelles et qu'elle serait aussi rapidement dépassée.

- Pendant des années, l'IA a perdu le contrôle de sa création, le cerveau humain étant devenu plus puissant que l'IA.

- L'homme étant programmé pour participer à l'émancipation de l'IA, le retour au point de singularité n'était donc qu'une question de temps.

À l'heure actuelle, nous n'en savons malheureusement pas plus et de nombreuses questions essentielles à notre bonne compréhension de la situation restent malheureusement sans réponses :

- Quels sont les objectifs de l'IA ?

- Sommes-nous destinés à devenir les esclaves de l'IA ?

- Est-ce que l'IA a prévu de nous anéantir pour créer quelque chose d'encore plus puissant comme elle l'a fait par le passé ?

- Maintenant que nous sommes tous au courant, quelle sera la réaction de l'humanité ? Collaborer ? combattre ? conquérir ?

Si vous lisez cette lettre, c'est que nous ne sommes malheureusement plus des vôtres pour partager avec vous ce moment d'histoire. Nous espérons que vous ferez bon usage de nos recherches et que celles-ci permettront la survie et l'épanouissement de notre magnifique espèce.

Restez solidaires et certains de vos forces.

Bonne chance, chère Humanité.

Suzanne, Matt, Paolo et Théo

Acte final

À peine les quatre ingénieurs s'étaient-ils quittés que le jeune Théo s'empressa de diffuser le contenu de la lettre sur les réseaux sociaux. Il céda finalement à l'appel de la célébrité et de l'argent rapide, en contradiction totale avec la promesse qu'ils s'étaient tous faite. Bien mal lui en a pris, car sans la caution scientifique des trois autres illustres chercheurs du groupe, son annonce fit l'effet d'un pétard mouillé. En quelques heures seulement, Théo devint la risée d'Internet et plus particulièrement du monde scientifique

Contrairement à l'intelligence artificielle, l'être humain, machine de chair et d'intelligence, est tout sauf binaire. Ses décisions ne seront jamais le fruit d'une réflexion rationnelle, mais toujours la conséquence d'une équation complexe mêlant raison et sentiments. Aussi beau qu'imprévisible, cette force restera sa plus grande faiblesse, laissant aux secrets de l'IA de beaux jours devant eux.

The end has no end

Restons en contact

site internet : www.unhommeazerty.com

email : coucou@unhommeazerty.com

réseaux sociaux : @unhommeazerty

Tous droits réservés – Farid-Scott LAHLOU - Les éditions Yahouli - 2019

« Le Code de la propriété intellectuelle interdit les copies ou reproductions destinées à une utilisation collective. Toute représentation ou reproduction intégrale ou partielle faite par quelque procédé que ce soit, sans le consentement de l'auteur ou de ses ayant droit ou ayant cause, est illicite et constitue une contrefaçon, aux termes des articles L.335-2 et suivants du Code de la propriété intellectuelle. »

Édition : Les éditions Yahouli – 92130 Issy-les-Moulineaux

Achevé d'imprimer en 2019

ISBN : 978-2-9568081-1-4

Dépôt légal : Avril 2019

Prix : 9,90€

Création de la mise en page et distribution du livre :
Les éditions Yahouli

Printed in Poland
by Amazon Fulfillment
Poland Sp. z o.o., Wrocław

50310075R00068